Philip Zurkinden
Sehnsuchtsort Düdingen

PHILIP ZURKINDEN

Sehnsuchtsort
Düdingen EINE SUBJEKTIVE BETRACHTUNG

Bibliografische Information der Deutschen Nationalbibliothek: Die Deutsche Nationalbibliothek verzeichnet diese Publikation in der Deutschen Nationalbibliografie; detaillierte bibliografische Daten sind im Internet über http://dnb.dnb.de abrufbar.

Lektorat: Jonas Westhoff, Lektorat Westhoff
Korrektorat: Lektorat Plus, Texsy Business LTD, Basel
Weitere Mitwirkende: Bernadette Rawyler, Layout
                            Yannik Waeber, Foto auf Cover

Verlag: BoD · Books on Demand GmbH,
In de Tarpen 42, 22848 Norderstedt, bod@bod.de

Druck: Libri Plureos GmbH, Friedensallee 273, 22763 Hamburg
ISBN: 978-3-7693-1670-4

Inhalt

Trägheit der Masse

Düdingen, die vermeintlich beste aller Welten. Ein Rundum-Sicherheitspaket. Ein Rundum-sorglos-Paket. Eine Kapsel, die sich loslöst von der Mitwelt. Ein Antikosmopolit, der sich auf seinem Orbit um die Welt dreht. Ein Planet mit eigener Wohlstandsmasse, die so schwer wiegt, dass grosse Kräfte nötig sind, um die drückende, lastende Trägheit zu bewegen.

Düdingen schafft Identität durch Sprache. Der Sensler Dialekt erscheint als Sonderling inmitten der französischen bzw. berndeutschen Nachbarschaft. So entsteht eine tiefe Verwurzelung innerhalb der Region: durch die Eigenheit der Sprache in ebenjener Umlaufbahn, in ebenjener Atmosphäre, die zusammenhält und abstösst.

Doch noch ein weiterer Punkt schweisst zusammen. Es ist die erwähnte träge Wohlstandsmasse, die zu keiner Unternehmung mehr anstachelt. Der Überfluss an Anreizen führt zu einer Reizüberflutung. Führt zu einer Unfähigkeit, sie klar zu identifizieren, ihnen nachzugehen oder neue Anreize zu erschaffen. Kein Gespür fürs Momentum, keine Dringlichkeit, kein Drang, kein Sofort, kein inneres Feuer, keine Vehemenz.

All dies wären große Kräfte, die bewegen, die antreiben, die Energie verleihen. An die Stelle der Dringlichkeit und Notwendigkeit tritt das «vielleicht morgen». Langeweile ist omnipräsent – und die ist selbst zu träge, um anzuschieben. Wo alles Reizende jederzeit geschöpft werden kann, wirken Reize ausgeschöpft.

Um besser zu veranschaulichen, wie sich das auf das Leben und den Alltag der Bewohnenden dieser eigenartigen Welt auswirkt, folgen nun ein paar Erinnerungsfetzen und deren Interpretationen.

Das Sommerloch

Zurück aus den Sommerferien – oder gar nicht erst gefahren –, brennt die Sonne den Rest an Eigeninitiative aus den Poren und befeuert die Trägheit. Man begibt sich auf die Suche nach einer Tätigkeit oder nach anderen Kindern, mit denen man sich wenigstens gemeinsam langweilen kann. Es müsste ja nicht einmal ein Kind sein, das man gut kennt oder besonders mag. Es müsste halt einfach irgendein Kind sein, das eben gerade nicht in den Sommerferien ist und das Schicksal des mangelnden Antriebes mit einem teilt.

Die besten Plätze, um möglicherweise fündig zu werden, sind der Bahnhofkiosk, der Schulhausplatz mit dem damaligen Fussballplatz, die grösseren Quartiere, das Coop-Zentrum oder der Spielplatz im Gänsebergschulhaus. Der Kiosk und das Coop-Zentrum sollten dabei immer die ersten Anlaufstellen sein. Findet man dort keine Kinder, dann immerhin allerhand Ramsch, den man in sich hineinstopfen kann. Der Langeweile lässt sich durch den Konsum von verbotenen Lebensmitteln eine Zeit lang die Stirn bieten. Der Genuss ist dabei völlig zweitrangig, nur viel muss es sein. Möglichst viel, um zumindest das Gefühl zu haben, das Aufstehen und das Verlassen des Fernsehers hätten sich gelohnt.

Nun geht's mit vollem Magen und voller Zuversicht in einen unvergesslichen Tag weiter. Irgendwo müssen die Kinder und damit die Möglichkeiten ja schliesslich sein. Wenn nicht gerade Schulferien sind, ist die Suche wesentlich leichter oder es muss gar nicht erst gesucht werden. Sport- und Kulturvereine bieten Ambition; Jugendver-

eine Auswege auf Zeit und Bekanntschaften fürs Leben.
Nur haben die eben ihren Betrieb eingestellt oder sind im
Sommerlager, und wenn du eben nicht in diesen Jugend-
vereinen bist, wird dir ein Teil der Bekanntschaften und
Möglichkeiten verwehrt. Members only hat Tradition.
Zum Glück ist Düdingen genug gross, dass es eben auch
viele Nichtmember gibt, und irgendwann im Verlauf des
Tages findet man die auf jeden Fall. Dann heisst es sich ir-
gendwo auf eine Bank oder eine Schaukel setzen und nach
Möglichkeiten suchen, um der Langeweile zu entfliehen.
Sehr breit gefächert war das Aktivitätenrepertoire meist
nicht, doch es reichte, um ein Kinderleben zu bereichern.
Hier einige Beispiele:

Nochmals zum Kiosk gehen, um sich ein Eis reinzu-
stopfen. Mit dem Fahrrad mehrfach durch einen flachen
Brunnen fahren, bis der ganze Schulhausplatz nass ist.
Den nächstgelegenen Sandkasten überschwemmen. In
der Voraugustzeit Böller kaufen, um sie möglichst irregu-
lär und daher brandgefährlich anzuwenden. Den Game-
boy holen, um damit über das Verbindungskabel ein paar
Pokémon zu tauschen. Andere Kinder hänseln, Klin-
gelstreiche, Spielwaren ansehen, auf den Knien mit dem
Skateboard einen Hang runterbrettern, möglichst hoch
von der Schaukel runterspringen und Fussball spielen.

Es war Tag für Tag, Woche für Woche der immerwäh-
rend gleiche Trott. Trotzdem sollte er nie aufhören. Wie
haben wir doch bereits eine Woche vor Schulbeginn unsere missliche Lage beklagt, uns nur eine Woche mehr dieser
Sommerträgheit gewünscht, in der nichts musste, nichts

konnte und alles war. Nicht müssen führt zu können, können führt zu wählen, wählen führt zu Überforderung und Überforderung zu Resignation. Sich anfreunden mit dem Alltagstrott, sich der Langeweile hingeben als einziger Motor, als einzige Kraft, die beim Versuch, ihr zu entkommen, noch Bewegung fordert.

Den Trott zu verlassen und neue Wege einzuschlagen würde bedeuten, auf gewisse Annehmlichkeiten zu verzichten, sich zu exponieren und zum Empfänger von möglichen Risiken zu machen. Wer sollte so etwas tun, wenn da keine Notwendigkeit und somit kein Muss ist? So mündet der Überfluss in das Meer mangelnder Initiative.

Lieblingsfach Pause

Die Schule hingegen, wenn sie wieder losgeht, strukturiert den Alltag, gibt Interessen vor und fordert. Sie fordert Initiative. Sie ist eine andere Kraft als die Langeweile. Da ist plötzlich dieses Muss, diese Notwendigkeit, die man sich während der Ferien herbeigesehnt hat.

Sie strukturiert nicht nur einen Kinderalltag, sie greift auch ins Privatleben ein. Sie gibt Hausaufgaben, um die Kinder zu motivieren, sich auch daheim mit etwas intensiver zu beschäftigen, etwas anzugehen, das bildet und nicht nur unterhält. Es ist fast so, als wüsste die Schule um den Kindertrott, als wolle sie eine aktive Stütze sein, um ihn zu durchbrechen. Die Langeweile aber ist eine nicht zu unterschätzende Kraft und lässt sich nicht durch Sinnhaftigkeit täuschen oder verjagen. Die naheliegenderen Feinde der Langeweile sind der Konsum, die Unterhaltung, Spass und Müssigkeit. Verheissungsvollere Optionen für Heranwachsende. Der Schulunterricht und die Hausaufgaben bieten jedenfalls für die meisten Kinder nicht das passende Äquivalent zu den oben erwähnten Strategien, die Langeweile zu drosseln.

Wohl deswegen ist in meinen alten «Meine Schulfreude»-Büchern von fast jedem Kind unter der Rubrik «mein Lieblingsfach» Pause zu lesen. Für eine knappe halbe Stunde wieder zurück in diesen Sommerlochtrott, nur mit dem Unterschied, dass diesmal ganz viele Kinder da sind und man sie nicht suchen muss.

Meistens wurde schon vor der ersten Lektion besprochen, was man in der Pause für Unternehmungen durchdrücken möchte. Die Zeit war begrenzt, was eine gute

Vorausplanung zwingend notwendig machte. So war spätestens in der zweiten Lektion klar, wer Fussball spielen möchte und auf welcher Position. Die Vakanz der Torwartposition musste natürlich noch besetzt werden. Dies geschah meistens mit Versprechungen wie: «Wenn du heute gehst, geh ich morgen.» Oder durch Bezahlung in Naturalien. «Du kriegst die Hälfte meines Schokoladenbrotes, wenn du dich aufopferst.» Zum Glück wurde oft aufs Tor geschossen, sodass die Torhütenden viel Bewegung hatten. Die ganzen Brote, Süssigkeiten und Chips hätten sich sonst, übers Jahr zusammenaddiert, ziemlich auf die Wendigkeit und Leistungsfähigkeit der Person auf der denkbar unbeliebtesten Position ausgewirkt.

Diejenigen, die nicht Fussball spielten, zu denen gehörte ich meistens, dachten sich anderen Schabernack aus. Der nahm zum Teil absurde Ausmasse an. So erfanden wir beispielsweise ein Spiel, das sich auf dem Klettergerüst zutrug. Das Spiel hiess Juri Gagarin, benannt nach dem sowjetischen Kosmonauten, der als erster Mensch im Weltraum war. Ziel des Spiels war es, den vorher gewählten Juri Gagarin im Weltall – in diesem Fall das Klettergerüst – zum Absturz zu bringen. Weltpolitik auf Pausenplätzen. Es war beinahe so, als träte, schupste und schlüge die antikommunistische Welt wild um sich, um mit allen Kräften einen Erfolg der Mission zu verhindern. Entweder konnten sich die gewählten Juris drei Minuten lang halten und den Erfolg des Unternehmens garantieren, oder aber das ganze Wostok-Programm, der Griff nach den Sternen, zerschellte auf dem Boden der irdischen Tatsachen. Schürfwunden, Prellungen, gekränkter Stolz und Demut inklusive.

Gorgonzola oder Schmelzerzeugnis

Von Frühling bis Herbst war die Pause vor allem vom Fussball dominiert und von lauter weiteren Alternativspielen, deren Erwähnung den vorgesehenen Rahmen sprengen würde. Je kälter und nasser es wurde, desto leerer wurde der Platz. Er füllte sich allmählich beim ersten Schnee wieder und durfte sich auf seine zweite Funktion freuen. Nämlich jene als Austragungsort für die zahlreichen Schneeballschlachten, die da kommen würden.

Während der Platz in den warmen Monaten allen offenstand, die einen geraden Pass spielen konnten oder aufopferungsvolle Torhütende waren, so herrschten im Winter klare Platzverhältnisse und strenge Hierarchien. Fünft- und Sechstklässler rotteten sich zu einem Rudel hungriger Wölfe zusammen, die in den kargen Wintertagen darauf aus waren, fette Beute zu machen. Bei der Auswahl war man nicht besonders wählerisch, man suchte sich eher die ausgemergelten Jungtiere als die alten, erfahrenen Hasen aus. Weil die jungen aber nicht viel hergaben, um den Appetit aller Raubtiere zu stillen, mussten möglichst viele von ihnen in einer Pause gerissen beziehungsweise «gewaschen» werden.

Das Waschen ist ein Brauchtum, das wohl schon seit Jahrzehnten praktiziert wird. Es geht im Wesentlichen darum, dem Opfer so viel Schnee wie möglich ins Gesicht zu schmieren, das Antlitz gleich ganz in den Schnee zu drücken und zusätzlich den Kragen an allen sich bietenden Öffnungen mit der kalten Substanz zu füllen. Geübte Wascher unterlassen es dabei freilich nicht, auch die

Handschuhe und die Mütze mit der weissen Pracht zu füllen und sie dem Opfer möglichst wieder anzuziehen. Dazu Gejaule und Gebell. Das Rudel unter sich. Bei Erreichung der fünften Klasse erlangt man das Recht, sich dem Rudel anzuschliessen. So, als hätte man durch die früheren Waschungen, die man am eigenen Leibe erfahren hat, ein mehrjähriges Reinigungsritual abgeschlossen, das einen nun endlich dazu befähigt, zum Zeremonienmeister zu werden. Hinweggewaschen die Zweifel und Bedenken, verwaschene Sicht auf Gut und Böse, Recht und Unrecht. Animalisches Treiben.

In der vierten Klasse wollten wir es nicht einfach hinnehmen, die wehrlosen Opfer zu sein. Wir wollten den Kreislauf durchbrechen, die Jäger zu den Gejagten machen. Wir wollten dieser Ungeheuerlichkeit ein Ende setzen und den Fussballplatz zu einem Refugium der Schwachen, zu einem Idyll der Geplagten machen. Von nun an Engelsfiguren im Schnee statt dämonischer Rituale. Schneemänner statt Schneekinder.

So schlossen wir in einer bedeutungsschwangeren Stunde einen Pakt und damit einen Bund, der alle bisherigen Opfer einschliessen sollte. Geeint durch dasselbe Schicksal, vereint durch dasselbe Ziel. Nach dem Vorbild der drei Musketiere wollten wir füreinander einstehen: «Einer für alle und alle für einen!» So schlossen wir uns zusammen zu einer festen weichen Masse. Die Zeit war überreif für die Entstehung des «Gorgonzola Clubs». Eine Köstlichkeit für all jene, die der bisher bitteren Geschmackswelt entfliehen wollten, und für die anderen nichts weiter als eine delikate Beute. Etwas schwieriger zu essen, etwas mehr Anstrengung erfordernd, seltener zu bekommen und deswegen begehrenswerter.

Der Pakt sah vor, dass wir alle Opfer einer Waschung gemeinsam retten und die Angreifer vertreiben würden. So konnten wir uns neue Mitglieder einverleiben und die Zahl der Angreifer dezimieren. Also zogen wir los. Stolz, zuversichtlich und imposant. Wohl gut zehn Mitglieder vereint, um Recht und Ordnung zu schaffen. Die ersten Rettungswürdigen liessen nicht lange auf sich warten und so schritten wir entschlossen zur Tat. Jedenfalls die Tapfersten von uns. Ungefähr zwei Leute, die dann ebenfalls zu Opfern wurden. Spätestens jetzt müssten, dem Schwur zufolge, alle Mitglieder einschreiten, um die bedauernswerten Mitglieder und möglichen Neuzugänge aus ihrer Lage zu befreien. Doch nichts geschah. Der Gorgonzola gammelte nur rum, während Teile von ihm genüsslich verspeist wurden. Der Pakt schmolz noch eher dahin als der Schnee in der Frühlingssonne. Feste Ideale zerflossen zu losen Parolen. Uns blieb nur noch abzuwarten, bis wir die fünfte Klasse erreichten.

«Caps»-Maximierung durch Papiergeld

Endlich in der fünften Klasse erreichte eine neue Mode den Pausenhof. Das Spiel nannte sich Pog oder Caps und schlug ein wie ein Slammer auf einen Stapel loser Kartonrondelle. Somit wäre das Spiel auch schon erklärt.

Es geht darum, eine vorher ausgemachte Anzahl bedruckter Pappscheiben – oder eben Caps – verdeckt auf einen Stapel zu legen und diesen mit einer runden Plastikscheibe, die Slammer genannt wird, so zu treffen, dass sie sich auf die Bildseite drehen. Alle so aufgedeckten Caps konnte man behalten. Diejenigen, die sich nicht umdrehten, wurden zurück auf den Stapel gelegt und der nächste Spielende durfte sein Glück versuchen.

Heerscharen von Schulkindern investierten ihr Taschengeld in einen Grundstock von Caps und in zwei bis drei gute Slammer. Es schien fast so, als hätten die Kinder endlich eine Investitionsmöglichkeit für ihr Taschengeld gefunden, die nicht nur, wie etwa bei Süssigkeiten, kurze Glückshormonschübe auslöste und sich dann in Bauchschmerzen und Trauer über das verlustige Ersparte verwandelte. Von unreflektierten Konsumierenden hin zu kundigen Investierenden, die ihre Ersparnisse in harte Währung umtauschten. Somit verfügten sie über die nötigen Grundlagen, um am Wettkampf der Gewinnmaximierung zu partizipieren.

Nun stand eine grosse Marktbreite offen, die es erlaubte, während der gesamten Pause diverse Hochrisikoanlagen zu tätigen: hohe Renditen zum Preis von Freundschaften. Nach der Pause musste jeweils Bilanz gezogen werden, um den allfälligen Gewinn oder Verlust zu ermitteln. Beschreibend für das ganze Schulfach macht das Rechnen manchen Spass und für andere ist es unheimlich frustrierend. Sinnbildlich für die Maximierung verschlingt die Gier die Ressourcen anderer und stellt die Wertsteigerung über Werte.

«Mosten» oder Verwehrung der Zukunft

Unmittelbar nach der Pause gab es ein Ritual, das meistens ebenfalls von den älteren Kindern initiiert wurde. Das «Mosten» – oder zu gut Deutsch das «Entsaften» – wurde jeweils nach der Pausenglocke, wenn die Kinder das Schulhaus wieder betreten wollten, eingeleitet. Das Prinzip ist, wie die meisten Kindergemüter, sehr simpel. Die grössten und stärksten Kinder rennen beim Ertönen der Glocke so schnell sie können zum Schulhaupteingang, um diesen durch eine schnell gebildete menschliche Kette zu versperren. Niemand soll hineingelangen. Ein paar motivierte Schulkinder, die dem Unterricht gern beiwohnen möchten, drücken dann mit vollem Eifer dagegen. Andere stehen nur so da und sind wohl recht froh um die paar Minuten mehr Freizeit. Ein heilloses Gerangel um das Recht auf Bildung entsteht.

In der zweiten Phase drücken dann am Ende der Menschentraube die restlichen älteren Schüler noch einmal mit voller Kraft in Richtung Eingang. Die ganz vorne hingegen drücken in Richtung Ausgang. So entstehen in der Mitte der Masse Entsaftungskräfte, die namensgebend für diesen Unsinn sind. Die unglücklichen jungen Beeren in der Mitte entrannen ihrer vollständigen Entleerung meist erst, wenn eine Pausenaufsicht diesem sinnentleerten Treiben ein Ende setzte.

Liegt dem Ritual aber nicht doch womöglich ein tieferer Sinn zugrunde? Ihm wohnt eine gewisse Protesthaltung inne, eine Auflehnung gegen das Bildungssystem. Gegendruck gegen Leistungsdruck. Oder ist es vielmehr das Sich-zur-Wehr-Setzen gegen eine aufgezwungene Struktur, die es den Kindern erschwert, sich in der erwähnten Trägheit und der Langeweile zu suhlen? Nur noch ein paar Minuten länger in dieser Zeit, die es totzuschlagen gilt.

Jedenfalls war diese Zeit, die keine Leistung einforderte, keine Richtung vorgab und keine Verbindlichkeit darstellte, ein gewaltiger Motor für Ideen und für die Kreativität. Sie war einfach Zeit, die reinste Zeit aller Zeiten, weil sie durch keinen Gedanken an die Zukunft getrübt wurde. Ausgedehntes Momentum, das man entweder nutzen oder verstreichen lassen konnte.

Das Mosten war nicht zuletzt ein verzweifelter Versuch, für immer in dieser Gegenwart zu bleiben, ehe die Schule und ihre Anforderungen der Zeit eine Richtung vorgaben. Vorwärts orientiert mit dem Blick in die Ferne. Da war sie, die personifizierte Zukunft: die Pausenaufsicht, die die Gegenwart auflöste.

Pause von der Zukunft – eine Sackgasse

Ein Leben in Düdingen ist aufgrund des aufgeblähten Wohlstands, einer ausgeprägten Infrastruktur sowie des guten Sozialnetzes meistens nur mit wenigen Herausforderungen verbunden. Jedenfalls selten mit solchen von existenzieller Natur. Ohne Not und Notwendigkeit entsteht im Erwachsenenleben nur wenig Antrieb. In Düdingen fehlen daher wichtige Energieträger, um erwachsene Menschen in Gang zu setzen. Fehlt dieser Treibstoff, droht der Stillstand in einer antriebslosen Welt.

Es braucht viel Anstrengung, um sich in dieser Lethargie zu bewegen. Die Langeweile fordert Eigeninitiative und intrinsische Kreativität, um sie nachhaltig zu überwinden.

Die Pause und der Pausenplatz stehen gewissermassen als Sinnbild für ein Leben in Düdingen. Düdingen als lange Lebenspause, als öde Strasse, wo nur diejenigen vorankommen, die sich noch von selbst bewegen können und wollen oder von äusseren Nöten angeschoben werden. Ich denke, deshalb ist die Pause das Lieblingsfach so vieler Schulkinder. Sie haben noch genügend Treibstoff in ihrem Motor, der es ihnen leicht macht, sich auch ohne das Anschieben von aussen in Bewegung zu setzen.

Um eine Pause optimal zu nutzen, braucht es einen ungetrübten, wachen Blick auf Möglichkeiten, eine wendige Kreativität und einen starken inneren Antrieb. Es braucht die Attribute eines Kindes, denn niemand macht besser Pause als ein unbekümmertes Kind. Da ist diese unbefahrene Strasse, auf der sich so gut spielen lässt. Nun rollt die Schule wie ein Truck an, macht mit lauten Glocken auf sich aufmerksam und zwingt die Kinder, diesen Pfad zu verlassen. Er hinterlässt Lasten und Pflichten, die die Kinder erst abtragen müssen, um die Strasse wieder frei für ihr Spiel zu kriegen. Täglich rollen neue Lastwagen an und verteilen grössere Kisten und Pakete. Es dauert mit der Zeit immer länger, sie abzutragen. Irgendwann schafft man es nicht mehr und die Strasse bleibt fortan belastet und eingeschränkt. So wird das Ungehinderte nach und nach verhindert. Das Gegenwärtige ist morgen schon verändert.

Die Kinder wissen um diesen Umstand und klammern sich wohl auch deshalb Pause für Pause an Schuleingänge. Doch die Gegenwart lässt sich nicht festhalten, egal wie stark wir uns an sie klammern. Die einst gerade Strasse bekommt Hindernisse und fordert Ausweichmanöver. Sie wird unübersichtlich und alle versuchen irgendwie, die Orientierung zu behalten und einen eigenen Weg zu finden. Es bleiben höchstens Erinnerungen an diese gerade, offene Strasse. Der Antrieb von damals nützt nun aber nichts mehr, weil wir immer wieder abbremsen, uns neu orientieren und ausweichen müssen. So weiterfahren wie bisher können wir also nicht mehr. Es ist ein anderer Blick gefragt, einer, der vorausschaut, der auf Hindernisse blickt und bestenfalls den Weg um sie herum sucht. Dieser Fokus kann aber höchstens die Richtung des Fortschreitens beeinflussen, jedoch niemals das Fortschreiten selbst aufhalten.

Das ist auch in Düdingen nicht anders und so wurden aus unbefangenen Kindern werdende Erwachsene, die aufgrund ihrer ersten Fahrversuche herausfinden sollten, wohin sie gehen würden. Doch wie soll das gelingen, wenn im fortschreitenden Werden der ungetrübte, auf den Moment gerichtete Blick eines Kindes zunehmend in Sackgassen führt? Zudem wird die Energie, die damals noch Antrieb zu Taten war, zunehmend vom eigenen Körper aufgebraucht, der mit Wachsen beschäftigt ist.

Ausserdem wird der bisher unbefangene Geist plötzlich von unbekannten Gedanken und Empfindungen heimgesucht. Von Fragen des Seins, des Sinns, des Vergleichs und der Wirkung des Tuns. Ebenfalls entsteht so eine merkwürdige Neugier auf andere; eine Neugier, die andere Menschen plötzlich zu Attraktionen macht. Ein komisches Verlangen nach Habenwollen und Gewolltwerden. Es scheint, als ob seltsame Substanzen Besitz von uns ergriffen und unser ganzes Denken und Handeln beeinflusst hätten.

Ein hormoneller Drogencocktail, der uns geistig umnachtet. Keine Tat und kein Gedanke, so scheint es, sind nunmehr frei von Zweck. Alles ist darauf ausgelegt, ein äusseres Bild von sich zu erzeugen, das im Auge des Gegenübers die eigene Identität offenbaren soll. Um zu gefallen, um bestätigt zu werden, um aus Reaktionen der anderen zu erfahren, ob wir gut navigieren oder auf Kollisionskurs sind.

So fahren wir umher auf denselben Strassen wie immer, mit denselben Möglichkeiten. Nur leider kommen uns zunehmend die kindlichen Attribute abhanden und wir sind bald nicht mehr fähig, sie optimal zu nutzen. Wir sehen plötzlich Hindernisse, Einschränkungen und Schwierig-

keiten. Mit getrübtem Blick, energielos und mit verklärten
Gedanken befahren wir sie und finden keine eigenen Wege
mehr, sondern folgen vermehrt vorgefertigten Signalen,
die uns die Richtung weisen sollen.

24

Orientierungsschüler

Die Schule und die Pause finden mittlerweile in der Dorfmitte, an der Orientierungsschule am Brunnenweg statt. Eine gar treffliche Schulbezeichnung für Menschen in einem Zustand der Verwirrung und der eigenen Entfremdung. Orientierung scheint der Überbegriff dieser Lebensphase zu sein.

Jedoch wollen sich die meisten Jugendlichen vorerst nicht akademisch zurechtfinden, sondern vielmehr ganz generell. Sie suchen nach Möglichkeiten, nach neuen Erfahrungen und Bekanntschaften. Sie suchen nach einem Füllhorn an Angeboten, damit sie herausfinden können, wer oder was der eigenen Person entspricht oder auch nicht. Und so ein Gefäss ist Düdingen wahrlich nicht. Es bietet höchstens Orientierung durch seine Beständigkeit und Überschaubarkeit.

Wie gestaltet man also ein Leben des Umbruchs und der inneren Bewegtheit an einem eher unbeweglichen Ort wie Düdingen? Indem man den Blick anpasst. Der kindliche Blick ist verloren und so wird es Zeit, sich anders zu fokussieren. Kinder schaffen sich ihre eigenen Möglichkeiten. Sie denken sich Szenarien und Spiele einfach herbei. Sie schaffen sich passende Welten aus ihren Gedanken und sind daher weniger auf die tatsächliche, reale Aussenwelt angewiesen. Jugendliche hingegen suchen aktiv nach Möglichkeiten in ihrer Lebenswelt. Vereinfacht gesagt, bedeutet dies: Kinder erfinden Möglichkeiten, Jugendliche müssen sie finden.

Die bereits erwähnten Sport-, Musik- und Jugendvereine vereinfachen die Suche etwas und bieten eine gute Möglichkeit, neuartige Hobbys zu entdecken oder neue Leute kennenzulernen. Auch die Jugendarbeit tut ein Übriges und schafft Wochenendangebote oder einen Treffpunkt nach der Schule. Diese pauschalen Angebote wirken für Hin- und Hergerissene wie feste Anker und schaffen so zeitweilige Beruhigung in stürmischen Zeiten.

Die Frage ist aber, was zwischen den Fixpunkten passiert. Wie schlägt man sich die Zeit tot, bis es wieder Mittwoch ist und das Fussballtraining losgeht? Hier gibt es gewiss starke Unterschiede und Ausprägungen. Manchen fällt es leicht, sich für etwas zu engagieren. Sie sind möglicherweise fleissige Schüler und vertiefen sich in Themen, die sie im Unterricht aufgegriffen haben. Andere haben einen Bewegungsdrang und leben diesen auch ausserhalb der festen Trainingszeiten aus. Wieder andere üben die Stücke für den nächsten Musikunterricht oder treffen sich mit Mitgliedern aus den Jugendvereinen. Manche dagegen lungern rum, rauchen vielleicht, machen die ersten Cannabiserfahrungen und vergeuden ihre Zeit. Manchmal geschieht vieles zugleich. Man engagiert sich für eine Sache und vertrödelt die restliche Zeit durch Konsum, Nichtstun und Videospiele. Auffällig dabei ist, dass diejenigen, die sich für etwas engagieren, sich allesamt an Vorgaben halten. Die Stücke, die es zu üben gilt, sind vorgegeben. Die Hausaufgaben sind vorgegeben oder die Sportart, die wir trainieren.

Sind Jugendliche also letztlich nur Produkte ihrer vorgegebenen Möglichkeiten? Gewissermassen ein Erzeugnis ihrer Lebenswelt? Die wenigsten würden zum Beispiel mit Wasserball anfangen, wenn es weder ein Schwimmbad noch einen Klub zur Ausübung dieser Sportart gibt. Jene, die für sich keine passenden Angebote finden, bleiben auf den öffentlichen Plätzen hängen und suchen dort ihre Bekanntschaften und Möglichkeiten. Die Jugend sowie die Erwachsenen sind letztlich nichts weiter als Abbilder ihrer Herkunft. Geprägt durch die Erfahrungen und Möglichkeiten innerhalb ihrer Lebenswelt.

Vielleicht entstehen auch so diese erwähnte Gleichschaltung und Identität, die der Region so eigen ist. Hier teilen viele dieselben Möglichkeiten, machen ähnliche Erfahrungen, besuchen die gleichen Vereine und Angebote und erhalten dadurch eine ähnliche Prägung.

Daher ist es wichtig, sich näher mit dem Lebensraum Düdingen und der Umgebung zu befassen – und mit den Möglichkeiten, die dort vorhanden sind. Vor allem aber mit den nicht vorhandenen Alternativen, mit den Potenzialen, die darin noch entdeckt oder geschaffen werden müssen. Denn dies erfordert etwas mehr Kreativität und Individualität als vorgegebene Programme und Angebote. Ich denke, dass gerade in der Ermangelung viel eigenkreative Energie steckt, die zur Persönlichkeitsentwicklung beiträgt. Die fixen Angebote sind als eine Art Unterhaltung zu verstehen, die es den Menschen erneut ermöglicht, der Langeweile zu entfliehen. Spannend wird es hingegen dort, wo die Menschen sie selbst zu überwinden versuchen.

Natürliche Selektion am Brunnenweg

Der Schulhausplatz der Orientierungsschule ist meiner Meinung nach ein solcher Ort der versteckten Möglichkeiten. Passend für das Dorf und die Schule ist er überschaubar, karg, aufgeräumt, sauber und relativ reizlos. Es gelingt einem rasch, sich dort einen Überblick zu verschaffen, was eine schnelle Orientierung ermöglicht. Um darin Möglichkeiten zu entdecken, welche die Optionen, sich hinzusetzen und sich mit anderen auszutauschen oder mit dem Moped ein paar Runden um den kugelförmigen Brunnen zu drehen übersteigen, braucht es einen kreativen Blick.

Auch hier gelingt das den Kindern zumeist besser und sie nutzen ihn für heitere Fangspiele oder als Unterlage für Kreidezeichnungen. Jugendliche jedoch schämen sich für Fangspiele und jagen höchstens ihrem Schwarm nach. Sie malen sich ihre Träume in den hellsten Farben, aber übertragen sie selten auf den Boden der Realität.

Das Einzige, was der Platz bietet, ist eben Platz und so kam es, dass er plötzlich von einer neuen Interessensgruppe in Beschlag genommen wurde, die genau das brauchte: Platz.

Durch Videospiele wie Tony Hawk's Pro Skater oder Serien wie Jackass wurde die Jugend in Düdingen mit dem Skateboardfahren konfrontiert. Zudem gab es schon zwei bis drei ältere Personen, die diesen Sport regelmässig auf dem Platz betrieben und so ganz aktiv darauf aufmerksam machten, dass es möglich war, an diesem Ort zu skaten. So entstand in den frühen Nullerjahren ein Trend, bei dem so manche mitmachten oder mitzumachen versuchten.

Wie lange die jeweiligen Neulinge diesen Sport betrieben, hing ganz wesentlich davon ab, wie ihnen der Einstieg gelang. Wer in den ersten Wochen bereits mehrfach wüste Stürze erlebte und dadurch Blessuren oder gar gröbere Verletzungen davontrug, quittierte meist noch vor dem Winter den Dienst und wandte sich anderen Dingen zu. Jene, die Glück hatten, oder diejenigen, die Schmerzen zu geniessen schienen, blieben dagegen länger bei diesem Sport. Anderen wiederum machte irgendwann das Geld den Garaus. Wer sein Brett regelmässig brach, konnte sich diesen verschwenderischen Sport irgendwann nicht mehr leisten und musste sich wie viele andere hinsetzen und zuschauen.

Um also längerfristig zu skaten, waren verschiedene Faktoren relevant: Verletzungsfreiheit durch Talent oder Glück, genügend Taschengeld oder robustes Material, Freude, Ehrgeiz oder keine besseren Optionen.

Die Anfänge des Skatens in Düdingen glichen einer natürlichen Selektion, aus der sich mit der Zeit ein Grüppchen von knapp zwanzig Personen herauskristallisierte, welches die physischen und psychischen Voraussetzungen zu erfüllen schien. Dieses Grüppchen nutzte fortan den Schulhausplatz in einer ganz neuen Weise.

Stufen oder Rampen wurden zu Hindernissen umfunktioniert und für Tricks missbraucht. Alles, was dem Platz an Möglichkeiten fehlte, wurde herbeigebastelt und so hatte man bald ein Rail und eine Box, um weitere Trickvarianten zu ermöglichen.

Der karge Teerplatz wurde kurzerhand zum kleinen Skatepark. Die Skatenden bauten sich ironischerweise selber Hindernisse auf diese freie, offene Fläche. Diesmal werden sie jedoch als Chance angesehen, der eigenen Entfaltung Raum zu geben.

Hymnen der Zeit

Mit dem Skaten hielt auch der Punkrock Einzug und beides verschmolz zu einer Koexistenz mit der ausgelebten Freiheit auf Rollen.

In den Jugendjahren war er als Schrei der Auflehnung zu verstehen, als ein Sich-zur-Wehr-Setzen gegen gesellschaftliche Zwänge und Konventionen. Gerade in einer Phase, wo man sich die Zukunft schlecht ausmalen konnte, wirkte die No-Future-Attitude wie ein Angebot, sich einfach zu ergeben, sich treiben zu lassen und nicht zu sehr darüber nachzudenken, welche Konsequenzen das eigene Handeln oder Nichthandeln hat.

Gleichzeitig trieb er mit seiner Wucht und Energie die Hörenden dazu an, den Moment auszukosten. Er wirkte wie ein Kick, der dazu anstiftete, Grenzerfahrungen zu machen: jetzt!

So fuhr man auf dem Skateboard oft über den Verhältnissen oder man trieb sonstigen Unsinn auf die Spitze. Es schien fast so, als hätte der Punkrock uns zu Komödianten verwandelt, die sich einen Spass aus ihrer Situation machten. Zu Passagieren, die sich zu weit aus dem Fenster ihres sicheren Waggons lehnten.

Fahrtwind der Freiheit kosten, bis einzelne herauszufallen drohen oder der Wagen auf eine Seite kippt. Halt in der Entgleisung. Vorgefertigte Schienen hielten nicht und führten viel zu schnell in eine falsche Richtung. So war das Kippen eine Art Notbremse und das Festhalten an anderen Unglückspassagieren die bestmögliche Sicherheit, die sich in diesem Moment bot.

Identität durch Gleichgesinnte und durch den immerwährenden Blödsinn, der uns von anderen absonderte. Als zöge man eigene Grenzen durch Grenzverhalten. Ein eigenes Land, das bestellt werden musste, ein eigener Kosmos, eine eigene Nation des Wahnsinns – besungen von den Hymnen jener Zeit.

Wahnsinn und Alkohol

Da entstand sie, eine neue, bis dahin nicht bekannte Antriebskraft. Sie ersetzte die kindliche intrinsische Energie, die allmählich flöten ging. Es ging nun nicht mehr um das Finden von Möglichkeiten innerhalb der gesteckten Grenzen und der fix vorgegebenen Plätze. Vielmehr war es ein Versuchen, diese nun klar erkennbaren Grenzen auszuweiten oder völlig neu zu ziehen.

Diese neue Kraft hiess Wahnsinn und sie verstärkte sich noch durch ein anderes Mittel, das sich zunehmend zu uns gesellte. Es trübte unseren ehemals reinen Blick zusätzlich und spendete weitere Energie für unangepasstes Verhalten.

Die Rede ist vom Alkohol, der nach der obligatorischen Schulzeit ein fester Bestandteil der Ausgangskultur wurde.

Die Schule liessen wir mehr oder weniger erfolgreich hinter uns. Wer es sich leisten konnte, studierte am Kollegium und später an der Uni weiter. Man verschaffte sich dadurch etwas mehr Orientierungszeit. Andere sahen sich genötigt oder waren schlichtweg bereit dazu, mit einer Berufsausbildung zu starten. Beruf und Schule wurden in meinem Umfeld grösstenteils als Bürde empfunden. Es ging eigentlich nur darum, das Wochenende zu erreichen oder sich sonst wie möglichst viel Freizeit zu verschaffen. Sich zusammenreissen und durchmausern, bis man die angestaute Energie endlich rauslassen konnte.

Von daher hatte diese Lebensphase dennoch etwas Kindliches. Da war es wieder, das Leben für die Pause und die Freizeit. Nur wurde die Pause mittlerweile gänzlich anders gestaltet. Das Bewusstsein wurde dahin gehend geschärft, dass einem klar war, dass die freie Zeit begrenzt ist und man sie daher optimal nutzen sollte. Man war fähig zu wissen, dass die Zukunft Geister beschwören kann, die das Momentane intimidieren und zur Flucht bewegen. Flüchtige Gegenwart, verscheucht vom Zeitgeist der Eile. Deshalb musste das Maximum aus dem Hier und Jetzt herausgeholt werden.

Freizeitleben bis zum Exzess. Um Erholung ging es jedenfalls nicht, wenn man sich die Nächte um die Ohren schlug und literweise Alkohol in sich hineingoss. Ausschöpfen bis zur Erschöpfung.

Mein Vater nannte das passenderweise «Freizeitstress». Alles, was man sich während der Woche vorgenommen hatte: welche Freunde man treffen möchte, wo man in den Ausgang gehen wollte, die Hobbypflege; all das musste in ein Wochenende gepackt werden.

Diese Wochenenden fanden in Düdingen statt. Sie orientierten sich also stark an den Menschen, die darin lebten, und an den Möglichkeiten, die das Dorf oder die nahe Umgebung zu bieten hatten. Dies forderte eine bis dahin unbekannte Auseinandersetzung mit der Umgebung. Nicht nur die zur Verfügung stehende Zeit, sondern auch der Ort, die Mitmenschen und die sich daraus ergebenden Handlungsalternativen mussten genauestens eruiert werden, um sich daraus ein passendes Wochenendpaket zu schnüren.

Weil es wenig gab, das einen an der freien Freizeitauslebung hinderte, wurden wir zu opportunistischen Hedonisten. Luststeigerung gegen die Unlust des Alltags und

Orientierung an den Grenzen des Lebensraums, um sie zu überwinden. Skaten, Punkrock, Bier und Müssiggang. Anbei ein paar Beispiele, wie solche Wochenenden aussehen konnten und wo sie stattfanden.

Freitag, Freiburg, Fribourgeoise

Die oben erwähnte Programmzusammenfassung wurde zum Leitsatz unseres Freundeskreises. Darin sind eine klare Termin- und Ortsangabe enthalten sowie eine unmissverständliche Handlungsanweisung, an die sich fast alle hielten. Der Spruch war viel weniger als Einladung denn als Aufforderung zu verstehen, die eigentlich keine Alternativvorschläge zuliess.

Das Motto erschien meistens am Freitagmorgen in einer Gruppen-SMS und wurde von der jeweils motiviertesten Person verfasst, die sichergehen wollte, dass das Abendprogramm auch diesmal für alle klar war. Mit diesen Aussichten quälte man sich durch den Rest des Tages und wartete geduldig den Abend ab.

Diejenigen, die sich zuerst aus dem Staub machen konnten, gingen meistens direkt nach Freiburg, um im Restaurant Fribourgeoise einen oder mehrere Tische für die ganze Entourage zu besetzen. Nacheinander trudelten alle am besagten Treffpunkt ein und gesellten sich zu den bereits angetrunkenen Platzhaltern.

Das Fribourgeoise wirkte von aussen und innen wie ein ganz normales Freiburger Lokal. Es gab jedoch ein paar kleine Unterschiede, die für die zahlreichen Jugendlichen von zentraler Bedeutung waren. Erstens war der Wirt nicht abgeneigt, starken Alkohol an Minderjährige auszuschenken, was allein schon Grund genug war, ihn immer wieder aufzusuchen. Zweitens – und meiner Meinung nach zentraler – spielte das Fribourgeoise die immer gleichen Songs ab. Die Playlist erstreckte sich von Classic Rock über Metal bis hin zu Ska und Punkrock. Iron Maiden, Metallica, Alice Cooper, Jon Bon Jovi, Ska-P und viele weitere fanden darin ihren Platz und wurden jeden Abend durch die Boxen gejagt. Alle, die sich mit einem oder mehreren Interpreten in diesem scheinbar wahllos zusammengewürfelten Musikspektrum identifizieren konnten, besuchten das Lokal immer wieder aufs Neue. Durch seine Musikauswahl erzeugte das Fribourgeoise eine Atmosphäre der Identifikation und der Zugehörigkeit. Man wusste genau, dass alle, die sich im Raum befanden, wahrscheinlich ähnliche Interessen und Ansichten pflegten und möglicherweise demselben Wahnsinn anheimfielen, der einen selbst fest im Griff hatte.

Da waren immer dieselben Menschen im immer selben Raum mit der ewig gleichen Musik, mit dem Ziel, sich zu betrinken und in Ekstase zu verfallen. Das hatte etwas Familiäres, etwas Geborgenes. Ein Hort der Beständigkeit und Sicherheit für Menschen, die sich noch nicht sicher waren, was sie sind oder einmal werden. Jedenfalls war unser Freundeskreis persönlich noch zu wenig ausdifferenziert, sodass man kaum grössere Unterschiede innerhalb der Clique feststellen konnte. Alle steckten in derselben Orientierungsphase fest, wurden vom selben Hormonhaushalt gesteuert und schienen dasselbe Ziel im Leben zu verfolgen. Nämlich jenes der Zeitausnutzung und der Spassoptimierung.

So entstand eine Art Verhaltensgleichschaltung, die wiederum die Zusammengehörigkeit steigerte. Es schienen sich alle einig zu sein, dass das Fribourgeoise ein Ort ist, an dem sie die erwähnten Ziele erreichen konnten, und so tauchte man Freitag für Freitag in diesen Sumpf aus Bier, Zigarettenrauch und lauter Musik ein, um darin die Gegenwärtigen und das momentane Ich zu konservieren.

ist, an dem sie die erwähnten Ziele erreichen konnten, und so tauchte man Freitag für Freitag in diesen Sumpf aus Bier, Zigarettenrauch und lauter Musik ein, um darin die Gegenwärtigen und das momentane Ich zu konservieren.

Schall und Rauch; ein letzter Zug

Eigentlich geschah an diesen Abenden nicht viel. Man war am Tisch, rauchte, betrieb Headbanging und sang die wohlbekannten Lieder in schiefen Lagen. Wenn ein richtiger Kracher kam, stand man auf, um Pogo zu machen. Manchmal stand man auch ohne Pogo auf, um sich mit anderen Anwesenden zu unterhalten. Ab und an versuchte man sein Liebesglück bei begehrenswerten Unbekannten und sank dann enttäuscht wieder auf seinen Stuhl.

Man vertrieb sich die Zeit mit ausufernden Spielen. Zum Beispiel mit einer Partie «Übertrieben?». Dabei ging es darum, eine Handlung oder eine Geste so lange ad absurdum zu führen, bis sich alle Spielteilnehmenden darin einig waren, dass das eben vorgeführte Verhalten definitiv übertrieben war. War dies nicht der Fall, musste jemand anderes versuchen, das Gezeigte noch zu übersteigern. Mit der Zeit war die Toleranzgrenze der Jury derart hoch, dass das Prädikat «übertrieben» fast nicht mehr erreicht werden konnte. Entsprechend lang schrie, sang, hüpfte oder hampelte man vor sich her. Ganz zur Freude oder Verwirrung der vielzähligen Zeuginnen oder Zeugen. Wie konnte man sich da noch ernsthaft fragen, wieso die vorhin angesprochene Person das gezeigte Beziehungsinteresse nicht erwiderte?

Bei all dem durfte man auf keinen Fall vergessen, kontinuierlich Bier, Schnaps oder irgendwelche Durchfallmixturen namens Kamikaze oder Jumping Jack zu konsumieren. Die Zeit war schliesslich begrenzt. Kurz vor Mitternacht ging bereits der letzte Zug zurück nach Düdingen und bis dahin wollte man anständig angetrunken sein und sich genug dem Wahnsinn hingegeben haben.

Denn Düdingen war eine völlig andere Erlebenswelt und in ihr gab es nichts Vergleichbares. Erst recht nicht nach zwölf.

Die Zugfahrt zurück ähnelte einem Sündenfall. Als Bestrafung für die überschwänglichen Verkostungen überreifer Früchte, aus denen wir doch keine Erkenntnis zogen, führte die verräterische Waggonschlange uns hinaus. Hinaus aus unserem Paradies, auf den kargen Erdboden, wo ohne Tugend keine Frucht wächst. Dieser Betrug sollte nicht unbestraft bleiben und so stellten wir uns jedes Mal, wenn sich der Zug davonschlängelte, in Reih und Glied auf, liessen die Hosen herunter und zeigten unsere Hinterteile, wie Gott sie schuf.

Geisterstunde

Nach Hause zu gehen war im Anschluss meistens keine Option. Im Sommer hielt man sich oft noch lange am Bahnhof auf, schnappte sich irgendein Wurstprodukt oder ein Knäckebrotsandwich aus dem Selecta-Automaten, schlang es in sich hinein und spülte das Ganze mit einer Fruchtsaftimitation hinunter. Dabei sang man die gehörten Lieder, unterhielt sich lautstark oder spielte weitere geistarme Spiele wie etwa «Es geht einfach nicht».

Dabei führte man eine Handlung, die offensichtlich nicht funktionieren kann, reihum immer wieder genau gleich aus, nur um zu der Erkenntnis zu gelangen, dass es einfach nicht ging. Zum Beispiel wollte man eine Verpackung in den Mülleimer werfen. Leider war da aber ein Deckel drauf, den man jedes Mal vergass hochzuheben. Glaube mir; wenn du den Deckel nicht hochhebst, dann kannst du es so oft versuchen, wie du willst, es wird einfach nicht gehen. Wir haben das nächtelang getestet, damit du es nicht selbst tun musst.

Im Winter oder etwas später in der Nacht zogen wir uns oft in die Einzimmerwohnung eines Freundes zurück und spielten SingStar. Das kleine Zimmer wurde derart mit Schall und Rauch gefüllt, dass die gepeinigten Hauptmieter über Ruhestörung klagten und sich jemand einmal eine Bindehautentzündung einfing.

Manchmal gingen wir auch in meinen Keller. Dort legten wir unsere Kleider ab, weil wir flitzen wollten. Ich erwähne das nur in einem Nebensatz, weil das so oft vorkam, dass wir zum Schluss nicht mal mehr rannten, sondern einen gemütlichen Nacktspaziergang unternahmen. Dieses Phänomen blieb von den anderen Herumtreibenden nicht unbemerkt und so kam es nicht selten vor, dass wir an der Hauptstrasse ein gellendes Publikum vorfanden, das sich am rechten und linken Gehsteig aufstellte. Triumphstrasse, Allee der Schande.

Wir waren die nächtliche Präsenz, die sich, kaum bemerkt, der Illusion von Bedeutung hingab. Wir waren die Könige der Finsternis, die die Erleuchtung im Dunkeln fanden. Unsere eingebildete Durchlaucht, unsere nächtlichen Prophezeiungen, im rechten Licht betrachtet, nichts weiter als Phantasmen verwirrter Geister, die alle einen in der Krone hatten.

Der Biorhythmus im Keller

Interessanterweise war man am nächsten Tag selten so ausser Gefecht gesetzt, dass man nichts unternehmen konnte und so verbrachte man je nach Jahreszeit die Nachmittage auf dem Snow- oder Skateboard oder am Schiffenensee.

Es genügten ein paar Nachrichten und man hatte bereits wieder ein Grüppchen von Leuten zusammen, mit denen man sich die Zeit vertreiben konnte. Die Wochenendtage fühlten sich wie eine Art Zwischenzeit an. Ein Aufatmen, bevor die abendliche Verausgabung erneut stattfand. Ein nüchternes Reflektieren, ein Revuepassieren der vergangenen Ereignisse. Die Gegenwart drehte sich oft um das Vergangene.

Die Unternehmungen geschahen mehr so nebenbei. Gewisse Tagesaktivitäten waren daher auch eher vorgeschobener Natur, um die Wartezeit bis zum Nachtprogramm etwas zu verkürzen.

So hielten wir am Nachmittag oder am frühen Abend Bandproben in dunklen Kellern ab. Dem Licht entzogen, wurden die schlafenden Geister langsam wach. Durch Rauch, laute Musik und Spirituosen beschworen, drängten sie uns ihren Biorhythmus auf. So begann ihr Tag – und er sollte bis zum Morgen dauern.

Die Nacht war die Essenz, die unsere unreifen Geister zum Leben brauchten. Darin konnten sie sich entfalten, in ihrem Kontrast wurde ihr schemenhaftes Wesen scharf und klar und sie begannen zu leuchten.

Die Nacht schuf Theaterbühnen, auf die wir uns begeistert wagten. Irgendwo zwischen Improvisation und dem Nachspielen vorgefertigter Rollen versuchten wir, unseren eigenen Stil und letztlich uns selbst zu erkennen.

Unser Austragungsort war Düdingen und seine Region. Daran konnten wir nichts ändern. Die Szenen jedoch konnten wir uns selbst schaffen. Nebst dem Fribourgeoise gab es noch weitere Spielalternativen, für die wir in ebenjenen Kellern probten.

Biotope und ausufernde Ufer

Eine grosse Bühne, besonders im Sommer, war der Schiffenensee. In den frühen Sechzigerjahren wurde durch den Bau der Schiffenenstaumauer die Saane geflutet und es entstand ein artenreiches Biotop, zu dessen Ufern auch Düdingen gehörte. Die Menschen, insbesondere die Jugendlichen, waren eine sehr präsente Art und tummelten sich vor allem am Bonn Beach, um dem täglichen Badespass zu frönen, oder sie suchten den Adrenalinkick bei den Sandsteinklippen, deren Absprungstelle je nach Pegelstand bis zu vierzehn Metern hoch sein konnte. Alleine die Reise dorthin war ohne Boot mühsam und beschwerlich.

Man startete vom Bonn Beach, schwamm eine Weile, passierte eine bewaldete Stelle zu Fuss und musste danach wieder ins Wasser, bis man sich mithilfe eines Seils dem Felsen entlang hochziehen konnte. Es war kurz gesagt besser, wenn man jemanden mit einem Boot kannte.

Der Sprung von den Sandsteinklippen wurde zu einer allsommerlichen Mutprobe, die oft unter den gierigen Blicken von Zuschauern auf Schiffen vollzogen wurde. Ein paar wenige meisterten das Wagnis mit einem Kopfsprung und wurden dafür gepriesen. Sie waren die Götter des Sees, Neptun des Seichtwassers. Diesen Titel wird ihnen niemand mehr streitig machen können. Denn bei einem heftigen Gewitter brach die frühere Absprungstelle zusammen und krachte in den See. Fortan hätte man kopfüber aus circa zwanzig Metern Höhe in das Gewässer springen müssen. Wer nicht auf einen Red-Bull-Sponsorvertrag aus ist, lässt das also besser bleiben.

Dann war da noch das stille Tal. An den Badeplätzen, die vor allem am Tag genutzt wurden, konnte man noch arttypisches Verhalten beobachten, wohingegen das stille Tal der Hort der Entartung war. Dort zirkulierte das Wasser nur geringfügig und es entstand eine stinkende Suppe aus Schlamm und Müll. Deshalb wurde dort nicht gebadet. Höchstens nackt zu später, angetrunkener Stunde. Der Ort eignete sich durch seine Feuerstelle aber bestens für ausgedehnte Grillfeste und so traf man sich am frühen Abend im Supermarkt, um die Einkäufe für die Nacht und den frühen Morgen im stillen Tal zu tätigen.

Es entstand ein planerischer Eifer und reger Austausch untereinander, denn es musste tunlichst vermieden werden, dass schon vor Mitternacht das Bier alle war. Alibimässig wurden noch ein paar Würste und selten Beilagen eingekauft. Dafür umso mehr Rauch- und Knabberwaren.

Für die Energiezufuhr der Musik sorgte ein eigens dafür vorgesehener Benzingenerator namens Arwin, den wir als Gruppe einmal angeschafft hatten. Er war zusammen mit dem Audiogerät, unseren Vorräten und einem Reservekanister auf einem kleinen Anhänger platziert, den man entweder am Fahrrad befestigen oder zu Fuss hinter sich herziehen konnte. Meistens wurde er schon für den Weg zum See in Betrieb genommen und schikanierte diverse Anwohner mit Motor- und Gitarrenlärm. Für uns waren es verheissungsvolle Klänge. Sirenengesänge, die uns an die Stelle des Untergangs lotsten. Dazu warmer Sommerwind, der uns sanft vor sich herschob.

Ihm ganz ergeben, der goldenen Abendsonne entgegen. Es war, als hätte man den Bug beladen und würde die Segel hissen. Der laue, sanfte Wind würde die Richtung schon kennen. Wir liessen uns einfach treiben und der Shanty-man sang vom Abschied.

Sinkende Hoffnungsträger

Bald wurde das stille Tal von dieser jugendlichen Aufbruchsstimmung, dieser Lust nach Abenteuer und Geselligkeit heimgesucht und seines Adjektivs beraubt. Es kam nun eine Nacht lang nicht mehr zur Ruhe, wurde aufgeheizt durch lodernde Feuer, die nicht nur am Grillplatz brannten, sondern manchmal auch auf dem Esstisch. Da war brennendes Verlangen nach Austausch, nach Entdeckung, nach Musik, nach Liebe und die Sehnsucht nach Sommerloch.

Zurück auf den Pausenplatz mit den anderen Kindern, die sich ihre Spiele selbst ausdenken, die sich ihre Tage träumen und sich voll und ganz in ihnen verlieren. Das Feuer verschmilzt Zeit und Ort zu einem einzigen untrennbaren Klumpen und nur wer es nährt, bleibt im Hier und Jetzt. Es wärmt alte Erinnerungen auf und holt die Vergangenheit in dieses von ihm erzeugte Zeitvakuum zurück.

Wohl deshalb konnten wir uns nächtelang nicht von seinem Bann lösen. Wir waren unterwegs in unserer Zeitkapsel. Unser Schiff war aufgebrochen, wurde zum Hoffnungsträger und hatte sich losgelöst vom festen Griff des Hafens. Alle waren da, die Vorräte aufgefüllt.

Wir hatten die Gegenwart überwunden und waren unterwegs zu den Inseln der Kindheit. Zumindest so lange, bis der Proviant zur Neige ging und die morgendliche Kälte dem Feuer seine Wärme raubte. Wie geplünderte Schiffbrüchige retteten wir uns zurück an den Hafen des Aufbruchs, wieder zurück in die Fessel, die Antrieb des Versuchens war. Die alten Ufer blieben fern, die Freudenlieder verklangen allmählich und im Tal wurde es abermals still.

Shots im Schützenhaus

Eine Eigenheit, die man in Düdingen beobachten konnte, war die Gründung von Jugendvereinen, die keinen klaren Zweck verfolgten. Oftmals waren sie ein Verband aus Freunden, die ihren Zusammenhalt durch die Gründung eines Klubs stärken wollten. Durch T-Shirts mit auffallenden Logos und lockeren Sprüchen wurde diese Freundschaft dann auch nach aussen getragen.

Da war der «Club 85», ein Freundschaftsbund aus 1985 Geborenen. Leitspruch: «unter Freunden». Selbiges stand auch auf der Cardinalflasche, einem Lokalbier. Dann war da «Liidahun», frei übersetzt: «wüster Köter», was in der Region als Kompliment zu verstehen ist. Daraus wurde später «Ofehouse Productions». Hinzu kam noch unser Haufen, der «Zau mau iis» genannt wurde: «Ach zahl mir doch eins.»

Es ist nicht schwierig zu erraten, was der Zweck dieser Organisationen war. Es ging um Party, Freundschaft und Bier. Es ging darum, geschlossen aufzutreten und Feste zu organisieren. Ein paar Jahre später kam dann noch «Schnaps ID» dazu, deren Mitglieder mit ihrem Namen und ihrer Absicht in dasselbe Horn bliesen.

Diese Institutionen waren wichtige Dienstleister für die karge Ausgehlandschaft in Düdingen und Region. Als Verein konnte man einfacher Lokale mieten, weil man dadurch glaubwürdiger wirkte. Daran änderten auch die mindestens fragwürdigen Namen scheinbar nichts. Zudem konnte man die Mietgebühren durch die Klubkasse stemmen und die Organisation aufteilen.

Über die herannahenden öffentlichen Klubfeste wurde man meistens durch Flyer informiert. Diese wurden an Schulen oder in den wenigen ausgewählten Ausgangslokalitäten wie etwa dem Fribourgeoise verteilt. Idealerweise folgte man den verschiedenen Vereinen aber auf Facebook oder auf ihrer Homepage, um ja nichts zu verpassen. Diese aktive Werbung verhalf den organisierten Freundeskreisen auch zu einem gewissen Ruf, zu einem gewissen Ansehen innerhalb der Ausgängerschaft. Man war den Veranstaltenden dankbar, die einem ein Angebot machten, um sich die Samstagnacht um die Ohren zu schlagen. Mit einer kleinen Eintrittsgebühr von fünf bis zehn Franken war man bereits mit von der Partie und es wurde einem einiges geboten.

Ein häufiger Austragungsort solcher Klubfeste war das Schützenhaus Düdingen. Die Organisierenden variierten, die Abläufe dagegen blieben gleich. Es gab billiges Bier, Shots, Musik aus der Konserve, aber auch Livekonzerte. Diese Veranstaltungen boten Bühnen für die zahlreichen Garagenensembles der Region: Orymus, Fizzy Jam Jar, Tinu for President, Pollux, Cideraid, Gsindu, The narrow Pussies und viele mehr trauten sich hinauf auf diese improvisierten Konzertsettings und gaben sich die Klinke in die Hand. Die Bands heizten den Konsum an. Einige gerieten bei der Musik in Ekstase und tranken deshalb immer mehr. Die überwältigende Mehrheit jedoch versuchte dadurch schlichtweg, das dargebotene Unterhaltungsprogramm zu ertragen.

Vereinsfeste, innere Auskehr

Solche improvisierten Feste häuften sich vor allem im Sommer und so konnte man fast jedes Wochenende auf einer anderen Feier tanzen. Hinzu kamen auch die etwas offizielleren Festivitäten der Lokalvereine.

Da war zum Beispiel das Feldschiessen, das alternierend von einem anderen regionalen Schützenverein ausgetragen wurde und dessen Standort sich dadurch jährlich änderte. Dafür gab es Sammelbusse, welche die Ausgehenden an den verschiedensten Ecken der Region aufgabelten, zum Schützenfest brachten und sie spätnachts zerzaust, verraucht und sturzbetrunken wieder ausspuckten.

Als Aussenstehende hätte man sich ernsthaft fragen müssen, welchem ungeheuerlichen Ritual diese Menschen beiwohnten, das eine solche Verwandlung erzeugte. Aufgetakelte, anständige Leute in Feierlaune wurden zu hirnlosen Zombies, die ihre inneren Dämonen auf der Zunge trugen und sie lautstark in die Nacht entliessen. Rauslassen, Heimschleppen, Schlafritual, Menschwerdung.

Es gab das Pfadfinderfest, das Eishockeyfest, die Turnfeste, Musikfeste, Unihockeyplauschturniere in der Turnhalle Leimacker und man hätte wohl auch bei den Landfrauen ein Bier gekriegt. Weil es sonst ja nichts gab, wohnten die Jugendlichen solchen Festen bereitwillig bei. Dabei wurde der konkrete Zweck des Vereins oder der Feier nur selten hinterfragt. Wo es Bier und Austausch gab, stand die Ideologie meistens hinten an und die Kassen der verschiedenen Organisationen füllten sich unweigerlich.

Drei dieser unzähligen Feiern hatten aber einen besonderen Stellenwert und wurden dick in die Agenden so mancher in Düdingen Wohnhaften eingetragen.

Brache Äcker = neuer Kulturboden

Als Erstes wäre da die Bad Bonn Kilbi. Das alljährliche Musik-Open-Air fand bisher jeweils Anfang des Sommers statt und ist wohl der wichtigste Anlass, wenn es darum geht, nationale und internationale Gäste nach Düdingen zu holen.

Der Bahnhof wird meist schon am Freitagmorgen von Menschen aus allen Himmelsrichtungen in Beschlag genommen, die sich zunächst zu einem Schwarm zusammenrotten, der sich anschliessend Richtung Coop-Zentrum bewegt. Düdingen ist normalerweise kein Dorf, das viele Besuchende anlockt. Das plötzliche Herfallen über den Ort ist beinahe von biblischem Ausmass. Es scheint, als würde die ruhige Siedlung von einer Heuschreckenplage heimgesucht, die sich ungefragt über die Vorräte der Gemeinde hermacht.

Wie die Insekten haben es auch die Bad-Bonn-Besuchenden auf Getreide abgesehen. Jedoch eher in flüssiger Form – und so verleiben sich die gefrässigen Eindringlinge das Bier als Erstes ein. Ist ein Feld leer geplündert, geht es weiter zum nächsten und so muss auch das Lager vom Top Shop bald dran glauben.

Das Bad Bonn sowie die dazugehörige Kilbi bringen Würze in diesen sonst so faden Eintopf. Sie bringen neue Klangwelten in dieses eintönige Süppchen. Sie strecken ihre Arme aus, fangen Kulturen aus allen Winden, nähren sie und starten mit ihnen einen Gärungsprozess. So wie einst mit dem Getreide, dem Wasser und der Hefe in unserem Bier geschieht Umwandlung im Braukessel Bad Bonn. Beide regen an, sind Wohltat und Euphorie in Dosen und landen durch Mund und Ohr in den Köpfen der Kulturkonsumierenden.

Die meisten Düdinger lockt die Bad Bonn Kilbi, anders als auswärtige Besuchende, nicht primär durch deren Darbietungen an, sondern eher deshalb, weil sie schlicht ein Event und deshalb Treffpunkt ist. Man hört selten von den Ortsansässigen, dass sie aufgrund eines bestimmten Acts den Weg ins Bad Bonn auf sich genommen hätten. Das Event an sich ist der Grund. Die Stimmung, die Bars, die Dauerberieselung alternativer Klänge, das Beobachten kurios gekleideter Gestalten, das Treffen alter Freunde. Kurz: Man geht einfach hin, lässt die Kilbi und das viele Bier wirken und geniesst die neue Geschmacksvielfalt aus Bad Bonns Küche.

Für kurze Zeit scheint es so, als wäre Düdingen ein Schmelztiegel, der Verschiedenartigkeit zum Einheitsbrei verkocht. Guten Appetit.

Volkssportvermählung

Das Grümpelturnier im Birchhölzli Düdingen lädt zur Hochzeit zweier Volkssportarten ein. Werden Sie Zeuge einer Verschmelzung, deren Komponenten eigentlich schon immer wie eins waren und die auf Lebzeiten nicht mehr aufgelöst werden sollte. Sie können daher guten Gewissens Ihre Zustimmung bekunden. Jetzt wächst zusammen, was zusammengehört. Saufen und Fussball. Flüssigbrot und Spiele.

Am Grümpelturnier haben Sie die einmalige Gelegenheit, beide Sportarten mehr oder weniger gleichzeitig auszuüben. Sie trinken nicht nur auf den Rängen, sondern auch direkt in der Arena. Spontan gegründete Sportvereine mit kuriosen Namen treten auf mehreren Fussballplätzen gegeneinander an. Schliessen Sie sich jetzt einem Klub an!

Zur Veranschaulichung eine Auflistung von aktiven und ehemaligen Vereinen: erster FC Vollpfosten, Stuck Rotzooi (Holländisch für «Stück Scheisse»), erster FC Schwaderloch (Traditionsverein), Baywatch, die Rettungstrinker (ehemals), die Lattenknaller, Greg's Sadomasolütt (ehemals), Märitmandleni vo Djerba (Djerbas Marktstandbesitzer), am Buklis chugurunde cheguchuguchiigler (das würde zu weit führen). Auch beliebt sind Namen wie etwa: «Auf Platz eins spielt», sodass die Verwirrung jeweils gross ist, wenn die Jury ebendiese Mannschaft auf Platz eins ansagen muss.

Das klingt dann etwa so: «Auf Platz eins spielt Auf Platz eins spielt gegen Hochdruckpfoschtebrünzler (ehemals).»

Sauglattismus auf und neben dem Platz. Der sportliche Ehrgeiz steht zumeist hinten an. Das Turnier setzt sich aus lauter Freundschaftsspielen zusammen und somit bleiben die Spiele an sich meist ambitionslos. Zwischen den vier bis fünf Pflichtspielen bleibt immer genug Zeit, um sich zu erfrischen und die Regeneration der Muskulatur durch isotonische Getränke zu fördern.

Wer nicht auf dem Platz brilliert, der tut es im Bierzelt oder eben umgekehrt. Ich habe jedenfalls noch nie ein Team gesehen, dem beides gelang. Es geht also auch darum, Prioritäten zu setzen, und die liegen meistens bei Ballermann-Hits und Bier. Richtig zäh wird es jeweils, wenn so gegen achtzehn Uhr die letzten Spiele ausgetragen wurden und man die Zeit bis zum späteren Abend überbrücken will.

Abends kommen nämlich frische Kräfte, dann finden sich alle Nichtfussballer im Bierzelt ein, um ebenfalls an dieser Vermählungsfeier teilzunehmen. Dieser Zustrom an neuen Gesichtern scheint das Bierzelt zu beflügeln und so wirkt es, als sei das Ausharren nicht vergebens gewesen. Es entsteht eine Art Platzhirschgehabe. Man möchte die Neuankömmlinge davon überzeugen, dass ihre Reise ins Bierzelt nicht vergebens war und das wieder geboten wird, was all die Jahre zuvor bereits geschah. Die Erwartungen sollten erfüllt werden – und wer könnte sich besser darum kümmern als diejenigen, die sich schon seit dem frühen Morgen hier volllaufen lassen und nun um die Wette balzen und röhren. Mit dem Tanzen auf den Bänken oder Tischen, mit entblössten Bäuchen, erhobenen, überschwappenden Krügen wollen die Langzeittrinkenden alle Neuankömmlinge darauf aufmerksam machen, dass sie die Alphas in diesem Habitat sind. Der Vollste ist der Tollste. Zumindest treibt dieser Glaube ganze Gruppen zu Höchstleistungen an.

Dieses Gehabe ist ansteckend und so passt sich auch der Neuzuwachs schnell an und ist innerhalb kürzester Zeit ebenfalls auf den Tischen zu finden. So entsteht diese einzigartige Birchhölzli-Bierzeltstimmung. Vormals fromme Bürger unterziehen sich einer Verwandlung. Sie entsagen innerhalb eines Tages allen Konventionen, ertränken jegliche Vernunft, treten den Zivilisationsprozess mit Füssen und kehren zurück in die Steinzeit. Das Bierzelt als Zeitmaschine, angetrieben durch die Fusion zweier Komponenten, welche die Anpassungsleistungen von Jahrtausenden überwinden und uns zurückwerfen ins Ursprungsverhalten.

Organischer Treffpunkt

Der letzte grosse Anlass des Jahres findet im November statt und ist von allen wohl der traditionsreichste.

Der Martinsmarkt in Düdingen trotzt bereits seit Jahrzehnten den garstigen Spätherbstkonditionen und gilt als Startpunkt der Erntedankfeierlichkeiten. Besuchende verkosten die reiche Ernte des Jahres und halten sich mit Glühwein, Gifferstee (Teespezialität aus dem gleichnamigen Dorf), Weisswein, Bier, Bratwürsten, Rösti, den charakteristischen Sensler Brezen und anderen Leckereien bei Laune. Nebst den kulinarischen Angeboten verwandeln allerhand Marktstände von Lokalparteien, dem örtlichen Gewerbe, den Vereinen oder von südamerikanischen Spielwarenverkäufern die Hauptstrasse zu einem engen Schlauch.

Wer den Markt besucht, reiht sich oben an der Hauptstrasse ein und wird peristaltisch weitergerückt. Dabei kann rechts und links gegrüsst werden. Manchmal ist auch ein kurzer Halt für einen schnellen Austausch drin, ehe man durch die vorherrschenden Bewegungskräfte weggedrückt wird. Wer unten ankommt, ist ausgeschieden. Nun folgen individuelle und zumeist altersabhängige Entscheidungen.

Als Kinder und Jugendliche im nicht trinkfähigen Alter sucht man den Kirmesplatz auf, der mit vielerlei Attraktionen aufwartet. Fahrgeschäfte aller Art, Schiessbuden, Wurf- und Zielspiele, umrahmt von Maronenduft und Tanzmusik. Früher waren die Schaustellenden bereits eine Woche vor dem Martinsmarkt in Düdingen und schufen so ein befristetes Paradies für Kinder und Jugendliche. Dieser Garten Eden, in dem Freude, Nervenkitzel und Genuss gediehen, verwelkte jeweils am Sonntagabend nach dem Martinsmarkt und es galt, in dieser kurzen Zeit so viel aus ihm zu ernten wie irgend möglich.

Um allen Verheissungen möglichst ausgiebig nachgehen zu können, bedurfte es zweierlei Dinge. Erstens guter Beziehungen. Bestehende Verbindungen, wie etwa die zu den geliebten Onkeln, Tanten, Grosseltern oder Eltern, wurden im Vorfeld besonders achtsam und zeitintensiv gepflegt, um die betreffenden Personen irgendwann, im richtigen Moment, darauf hinzuweisen, dass schon bald wieder der Jahrmarkt im Dorf sei und man sich schon sehr auf die Autoscooter freue.

Die erweichten Herzen der schonungslos konfrontierten Personen führten dann zu Ressource zwei: dem Taschengeld. Im Umkehrschluss bedeutete dies für die genervten Eltern und Verwandten sicher auch, sich von den in letzter Zeit sehr aufsässigen Kindern etwas Ruhe zu erkaufen. Win win im Familienkreis und florierende Saat für das Vergnügungsparadies.

In dieser Woche vor dem eigentlichen Markt traf man sich jeweils nach der Schule mit den ersammelten Almosen bei den Autoscootern, um Kollektivunfälle zu provozieren. Man schmiedete Pläne und Allianzen gegen unliebsame Rivalen oder Dominierende. Man gründete Fahrgemeinschaften, um sich die Spesen zu teilen, man etablierte Hackordnungen, bestätigte Ränge und Ansehen, machte Ärger, befand sich in Schwierigkeiten, steckte in der Klemme und fand sich allabendlich wieder in dieser verfahrenen Situation.

Am Martinsmarkttag selbst war das nicht anders. Wieder wollte man so schnell wie möglich ins Autodrom, hatte aber aufgrund einer verschwenderischen Woche kaum noch Taschengeld übrig. So zwang man sich morgens mit den Eltern durch den Markt. Im Wissen, dass diese gerne etwas Zeit mit ihren Freunden und Bekannten verbringen möchten, brauchte man wiederum nur den passenden Moment abzuwarten, bis man einen Zustupf erhielt und dadurch den gesamten restlichen Tag ungestört auf dem Jahrmarkt verbringen konnte.

Für Jugendliche und junge Erwachsene nimmt der Martinsmarkt einen ganz anderen Verlauf. Auch sie lassen sich morgens durch die Menschenmassen treiben. Sie werden dabei aber nicht so leicht ausgeschieden wie die jüngeren Semester, sondern vermengen sich und verharren als fester, zäher Klumpen in diesem Trakt. Auf allen Seiten gibt es nämlich unterschiedliche Bars mit verschiedensten Leuten, und die wollen besucht sein.

Ein besonders beliebter Treffpunkt ist dabei die Schneebar, die bis anhin am unteren Ende des Marktes angesiedelt war. Dort feiern alte Freunde Wiedersehen, dort versinkt man in Weisswein und Unterhaltung. Um sechzehn Uhr endet dann der offizielle Markt und so müssen auch die Schänken, die sich an der Hauptstrasse angesiedelt haben, ihre Klientel aus ihrem Stillstand befreien und sie zum Aufbruch bewegen. Die Übriggebliebenen machen sich nun auf den Weg zum Landiplatz, wo es weitere improvisierte Kaschemmen gibt, die nicht an der Hauptstrasse angesiedelt sind und deshalb offen bleiben dürfen.

Erneut gibt man sich ausgiebig dem Alkohol und der Geselligkeit hin. In diesem Zustand verharrt man so lange, bis die Verdauungstrakte nach Beschäftigung verlangen und den Rest ihres Organismus mit lautem Knurren, Kneifen und Zerren nerven. Konfrontiert mit derartigen Quälgeistern macht das Trinken irgendwann keinen Spass mehr. Zudem lassen sie sich nicht einfach mit einem kleinen Beitrag für das Autodrom abspeisen und so bleibt letztlich nur noch der Gang in ein Restaurant oder an den Esstisch von Freunden, um die protestierenden Mägen zufriedenzustellen.

Nachdem man den ganzen Tag der Kälte getrotzt hat, setzt die Ankunft in einer warmen Stube alle schachmatt. Die Schwere des Essens und des Weins drückt zusätzlich in den Sitz. Nur mit grösster Mühe kann man sich aus diesem Klammergriff der Behaglichkeit lösen. Wem es gelingt, der begibt sich ein weiteres Mal in Richtung Dorf, um die zahlreichen Martinsmarkt-Nachtangebote zu besuchen.

Grössere Afterpartys finden sich etwa im ehemaligen Kino Exil oder im Dancing Oktogon. Zweiteres hat eigentlich jedes Wochenende geöffnet, aber wird ausser am Martinsmarkt nur noch spärlich besucht. An normalen Samstagen finden sich dort eher Jugendliche, die nach dem Freiburgausgang noch nicht nach Hause wollen und sich deshalb für teures Bier und zu laute Musik noch in die Sitzbänke des Separees drücken. Ab und an findet sich auch ein Tanzbär auf dem Parkett. Nebst den

Jugendlichen sind dort Erwachsene um die Fünfzig, die nach einem ausgedehnten Umtrunk den Heimweg nicht mehr finden. Früher gab es dort aufgebrezelte, französisch sprechende Damen, die sich zusammen mit Herren hinter protzigen Sonnenbrillen an der Bar rekelten. Die Damen unterhielten sich auffallend oft und im engsten Kreis der Distanzzone mit den verlaufenen Mittfünfzigern. Die dubiosen Frauenzimmer sind nicht mehr, der Rest ist jedoch wie immer.

Summa summarum lohnt sich also ein Besuch dieses Etablissements selten bis nie – ausser jeweils in der Martinsmarktnacht, denn an diesem Abend wird es mit der Wahrung einer angemessenen Distanzzone auch ohne die kontaktfreudigen Damen schwierig und so kommt man sich zwangsläufig näher.

Ahnenforschung

So trank und tanzte man weiter. All die Jahre Theater, Konsum, Orientierung, Suche. Irgendwann lassen diese Jahre finden. Irgendwann setzen sie sich und drücken dich tief in den Stuhl der Behaglichkeit. Kürzer werden die Aufenthalte an den grossen drei Festen und an allen dazwischen. Irgendwann taucht man gar nicht mehr auf, man verschwindet hinter seinen eigenen vier Wänden.

Legenden sind retrospektiv, sind Statuen, die in ihren Hallen verstauben. Nur ihre Nachkommen sehen die Welt um sie herum weiter durch ihre kindlichen, gegenwärtigen Augen und lassen sich vom Leichtsinn leiten. Ständig werden sie durch die bleiernen Skulpturen ihrer Ahnen vor der Schwere der Vernunft gewarnt und ahnen, dass auch sie dieses Schicksal eines Tages ereilen wird.

Noch stemmt man sich wehrhaft dagegen, klammert sich an Schuleingänge, kämpft gegen Langeweile, fixe Strukturen und Hindernisse. Bis man irgendwann mit allem Frieden schliesst. Die Schauplätze bleiben dieselben, ihr Erlebnispotenzial ebenso. Wir müssten es nur wieder sehen können.

Eingeschränkte Sichtverhältnisse

Alles unverändert in dieser trägen Wohlstandsmasse, in der wir uns früher scheinbar leichtfüssig bewegten. Nun stehen auch wir still. Unser wichtigster Antrieb auf der Flucht vor dem Stillstand ist uns abhandengekommen. Unser uneingeschränktes Sichtfeld, das uns ungehindert erleben liess. Dies, weil wir schlicht die Hindernisse nicht sahen. Unser gegenwärtiger, auf den Moment gerichteter Blick sah nur das Hier und Jetzt scharf und deutlich. Er konnte durch seinen schmalen Fokus viele Grenzen nicht erkennen und machte dadurch Grenzerfahrungen. Wo keine Risiken zu sehen sind, braucht es wenig Überwindung, um zu erleben. Die einzige Befürchtung war, dass uns die Langeweile einholen könnte.

Dieser gegenwärtige Blick sah Hindernisse und Einschränkungen erst, als man direkt darauf zufuhr.

Der Fokus auf Hindernisse ist Vorsicht. Er sieht vor allem Rahmen, Risiken und Gefahren, sucht Wege, sie zu umgehen, riskiert dadurch nicht und erlebt deshalb wenig. Er wägt ab, ob unser Verhalten oder unser Handeln den herrschenden Strukturen zuträglich ist. Diese Strukturen halten zurück, lassen leben, aber nicht erleben. Die Vorsicht wurde geschult durch die Erfahrungen, die aus dem jungen, ungehinderten Fokus entstanden.

Wir haben den Kampf verloren. Ohne es zu wollen, führten die intensiven Gegenwartserfahrungen von einst zu einem erweiterten Sichtfeld und es ist auf Dauer anstrengend, den Blick auf den offenen Asphalt zu senken und dafür ständig in Hindernisse zu knallen.

Also läuft man mit anderen Augen durch Düdingen. Man erkennt die Entfaltungsplätze von einst. Die sind aber mittlerweile voller Hindernisse. Viel zu viel, das einschränkt und hemmt, um sich frei zu bewegen. Vielleicht gibt es in Düdingen gar keinen Mangel an Möglichkeiten – nur das zunehmende Unvermögen, sie wahrzunehmen.

Wir sehen nur noch die Feuerstellen, aber nicht mehr den Brandherd. Düdingen speist längst keine Flamme mehr, ist kein Zunder mehr. Aber tief in uns schlummert immer noch das Verlangen, von innen heraus zu brennen, sich lodernd aufzubäumen, um andere mit Licht und Wärme zu locken, sie hineinzuziehen, anzuheizen und ebenfalls zu entfachen. Eine ekstatische Feuersbrunst, die sich erst auftürmt, die geltend macht, um dann langsam, aber stetig zu verglühen.

Die anhaltende Hoffnung am Ort, wo dies alles einst möglich war, wieder Brandherde zu sehen, schürt das Verlangen danach, wieder zu erleben. Brennende Sucht nach Gegenwartssicht am Sehnsuchtsort Düdingen.

Danksagung

Zur Entstehung einer Erzählung, tragen immer sehr viele bei. Hier insbesondere all diejenigen, die sich mit mir gegen die Langeweile wehrten und es noch bis heute tun. Viele Anekdoten und Unternehmungen, die Geschichte schrieben, entstanden durch eure Initiative, durch euren ureigenen Antrieb, der auch mich mitzog. Ihr seid eine wichtige Zutat meines täglichen Treibstoffs.

Ein besonderer Dank geht an Bernadette Rawyler für ihren geschulten Blick auf das Layout und die Zusammenhänge. Von ihrer Klarsicht profitiere ich auch sonst stark im Leben. Jedes deiner charakteristischen «Hä...?»s treibt mich nämlich dazu an, meine Gedanken nochmal zu sortieren.

Ein geschulter Blick, hat auch Yannik Waeber, der sich meiner Bitte annahm, ein möglichst unspektakuläres, gar tristes Foto von Düdingen einzufangen. Keine leichte Aufgabe an einem so pittoresken Ort. Die Aufgabe wurde mit Bravour gemeistert und das Ergebnis führte zu zwei wunderschönen Bildern auf dem Cover. Herzlichen Dank dafür.

Jan Steffen hat viel zur Veröffentlichung dieses Buches beigetragen, indem er mir sagte, dass er mehrfach beim Lesen schmunzeln musste. Er hat mir zudem geraten den vorgesetzten Text in irgendeiner Form zu veröffentlichen oder vorzutragen. Somit ist dieses Buch ein Stück weit auch sein Verdienst.

Zum Autor

Philip Zurkinden schreibt zum Zeitvertrieb zwischen zwei Arbeitsschichten. Durch seine Ausbildung und Arbeit als Sozialpädagoge interessiert er sich für Sozialräume und Persönlichkeitsentwicklung. Dies sickert in seinem Text immer wieder durch. Ausserdem sind viele autobiografische Elemente eingeflossen, die es dem Leser erlauben, einen groben Einblick in die Kindheit und Jugend des Erzählers und seines Umfeldes zu erhalten.